Dieses Buch gehört

_____

Büchersterne

Liebe Eltern,

Lesenlernen ist eine Meisterleistung. Es gelingt nur Schritt
für Schritt. Unsere Erstlesebücher in drei Lesestufen unter-
stützen Ihr Kind dabei optimal. In den Büchern für die
1. Klasse erleichtert eine große Fibelschrift das Lesen, und
der hohe Bildanteil hilft, das Gelesene zu verstehen.
Mit beliebten Kinderbuchfiguren von bekannten Autorinnen
und Autoren macht das Lesenlernen Spaß. 16 Seiten
Leserätsel im Buch laden zu einer spielerischen Aus-
einandersetzung mit dem Text ein.
So werden aus Leseanfängern Leseprofis!

Manfred Wespel

Prof. Dr. Manfred Wespel

Büchersterne – damit das Lesenlernen
Spaß macht!

www.buechersterne.de

Mit Büchersterne-Rätselwelt

Rüdiger Bertram

Familie Monster
brüllt los!

Mit Bildern von
Heribert Schulmeyer

Verlag Friedrich Oetinger · Hamburg

Inhalt

1. Brüllen in der Schule

Paul ist ein Mensch,
genau wie du.
Aber seine Familie ist
anders als deine Familie.
Sie sind alle Monster.

Pauls Eltern schlafen
in einem Schrank.

Pauls Schwester Olga
schläft in der Badewanne.

Pauls Bruder Igor schläft
mit Paul unterm Sofa.

Bei Familie Monster ist
manches anders als bei dir.

Zur Schule muss
Paul trotzdem.
Zusammen mit Igor.

In der Monster-Schule
lernen sie nicht
Schreiben oder Lesen.

Die Schüler lernen, wie sie
Leute erschrecken.

Sie zeigen ihre spitzen Zähne.
Sie gucken furchtbar böse
und brüllen schrecklich laut.

Nur Pauls Brüllen
ist ganz leise.

Da lachen alle.

10

„Wer über Paul lacht,
kriegt es mit mir zu tun",
droht Igor.

Da lacht keiner mehr.
Traurig ist Paul trotzdem.

2. Trost unterm Sofa

Abends ist Paul
immer noch traurig.

Er hat sich im
Keller verkrochen.

Da ist es ganz dreckig,
und Spinnen gibt es auch.

„Schön gemütlich
hast du es hier",
sagt Monster-Papa.

Er hat Paul gesucht und
im Keller gefunden.

Igor hat ihm alles erzählt,
da will er Paul trösten.

„Erzähl mir, wie ich
zu euch gekommen bin",
bittet Paul.

„Wir haben dich in
einer Geister-Bahn gefunden",
erzählt sein Papa.
„Da lagst du ganz allein
in einem Wagen."

„Und dann?", fragt Paul.

„Haben wir dich
mitgenommen.
Seitdem gehörst du zu uns."

„Wie ein richtiges Monster?",
fragt Paul.
„Wie ein richtiges Monster",
sagt sein Papa.

In der Nacht träumt Paul,
dass er so laut brüllt
wie ein Monster.

Davon wacht er auf.

„Was ist los?",
fragt seine Mama.

„In der Schule haben
alle über mich gelacht",
sagt Paul.
„Weil ich nicht brüllen kann."

„Dann üben wir das eben",
verspricht seine Mama.

3. Üben, üben, üben!

Am Morgen steigt
seine Mama
mit Paul auf einen Berg.

Sie brüllt so laut,
dass die Wolken
vom Himmel fallen.

Als Paul brüllt,
fällt nicht mal
ein Regen-Tropfen.

„Das wird schon",
sagt seine Mama.
„Du musst nur üben,
üben, üben."

Auch sein Papa
übt mit Paul.

Er geht mit ihm
in einen Park.

„Und jetzt schrei",
fordert er Paul auf.

Paul schreit,
aber nichts passiert.

Als sein Papa schreit,
fallen die Blätter und
Vögel von den Bäumen.

„Das wird schon",
sagt sein Papa.
„Du musst nur üben,
üben, üben."

Olga nimmt
Paul mit in ihr Bad.
Dort will sie sich
monstermäßig
hässlich machen und
mit Paul üben.

„Kreisch, so laut
du kannst",
sagt Olga.

Paul kreischt,
aber laut ist es nicht.

Dann kreischt
seine Schwester.
Es ist so laut,
dass die Rohre platzen.

Auch Igor übt mit Paul.

Er brüllt so laut,
dass das Sofa
in die Luft fliegt.

Paul kann nicht
mehr brüllen.
Er ist heiser.

4. Die Brüll-Prüfung

Am Morgen
ist Paul immer
noch heiser.

Dabei gibt es heute
Noten in der Schule.
Wer laut brüllt,
kriegt eine Sechs.

Wer leise brüllt,
nur eine Zwei oder Eins.

In der Monster-Schule ist
manches anders als bei dir.

Paul möchte nicht
zur Schule gehen.

Er hat Halsweh,
und schlecht
ist ihm auch.

„Keine Bange",
sagt sein Papa.
„Alles wird gut",
sagt seine Mama.

Sogar seine Schwester
kommt aus ihrem Bad
und ruft: „Viel Glück!"

Alle Schüler müssen brüllen.
Einer nach dem anderen.

Das ist schrecklich laut.
Paul muss sich
die Ohren zuhalten.

Igor ist vor Paul dran.
Er brüllt so laut,
dass die Lehrerin
vom Stuhl fällt.

„Sehr gut",
lobt sie Igor.

Dann ist Paul an der Reihe.
Er ist ganz blass,
so aufgeregt ist er.

Paul weiß nicht,
dass seine Familie
auf dem Schulhof steht.
Direkt unter dem Fenster.

Als er den Mund aufmacht,
brüllen sie alle los.

Sie sind so laut,
dass die Wände wackeln
und Paul eine glatte
Sechs bekommt.
Besser geht es nicht.

5. Das Paket

Zu Hause feiern Paul
und seine Familie
die gute Note.

Dazu gibt es
Monster-Torte und
Monster-Limo.

Getanzt wird auch.
Wild und gefährlich.

Da klingelt es.
Es ist der Postbote.

Der Bote hat ein Paket.
Das ist von
Monster-Opa.

Alle wollen wissen,
was da drin ist.
Papa, Mama,
Olga, Igor und Paul
sind ganz aufgeregt.

Aber die Monster können
das Paket mit ihren
Fell-Händen
nicht öffnen.

Das kann nur Paul.
Seine Finger
sind schlanker.

In dem Paket
sind ein Monster-Kostüm
und eine Tröte.

Wenn man da reinbläst,
ist die eigene Stimme
viel lauter als ohne.

„Super!", ruft Paul.
Er zieht das Kostüm an
und nimmt die Tröte
in die Hand.

Paul kann nun
genauso laut brüllen
wie alle Monster.

Das probiert er
auch gleich aus.
Gemeinsam mit
seiner Familie.

Sie brüllen so laut,
dass ihr Haus
einen Hüpfer macht.

Hurra!

Willkommen in der

Büchersterne

⋆ Rätselwelt

Hast du Lust auf noch mehr
Lesespaß?

Die kleinen Büchersterne  haben
sich tolle Rätsel und spannende
Spiele für dich ausgedacht.
Auf der nächsten Seite geht es
schon los!

Wir wünschen dir viel Spaß!

Lösungen
auf Seite
56–57

Kannst du die Bilder den richtigen Sätzen zuordnen?

 Paul hat sich im **Keller** verkrochen.

 „Wir haben dich in einer **Geister-Bahn** gefunden."

 Als sein Papa schreit, fallen die Blätter und **Vögel** von den Bäumen.

 **Paul** möchte nicht zur Schule gehen.

1

2

3

4

Hast du gut aufgepasst und kannst dich an alle Farben erinnern?

Welche Farbe hat ...

 Igor?  Orange

 Monster-Papa?  grün

 Olga?  gelb

 Monster-Mama?  Rosa

25

32

12

14

Auf welchen Seiten findest du diese Ausschnitte?

Spür-nase

Olga

schläft mit Paul unterm Sofa.

Mama

kreischt, dass die Rohre platzen.

Igor

brüllt, dass die Wolken vom Himmel fallen.

Paul

ist heiser.

Büchersterne-Rätselwelt

A

C   **B**

**Paul will zur Schule.
Kannst du ihm
den Weg zeigen?**

Woll-
Wirrwarr

Lese-Rallye

Findest du den Weg durch das Buch?

Starte auf der Seite mit dem blauen Auto.

Wie viele schlafen unterm Sofa? Gehe so viele Seiten weiter.

Wie viele Monster siehst du? Blättere so viele Seiten weiter.

Zähle alle Wörter, die mit „d/D" anfangen. Gehe so viele Seiten weiter.

Büchersterne-Rätselwelt

Wie viele Wörter hat
der erste Satz? Gehe so
viele Seiten weiter.

Zähle die Buchstaben
der vierten Zeile und
blättere so viele Seiten
weiter.

Bist du bei mir
angekommen?

**Kannst du dich erinnern?
Kreuze die richtigen
Antworten an.**

Wo schlafen Pauls Eltern?

L im Schrank

K unterm Sofa

Wo verkriecht sich Paul?

EI Dachboden

AU Keller

Von wem ist das Paket?

T Monster-Opa

S Monster-Tante

Lösungswort: L A U T

Büchersterne-Rätselwelt

1 SCHULHOFPAKETBADEWANNE

2 SOFAMUND
NSUAHD
NOTE
SCHULE

3 BRUDERLEHRERINBAUCHWEH

In welcher Schleife stehen die meisten Wörter?

Wort-
schleifen

Spiel für zwei!
Wer brüllt sich zur Note 6?

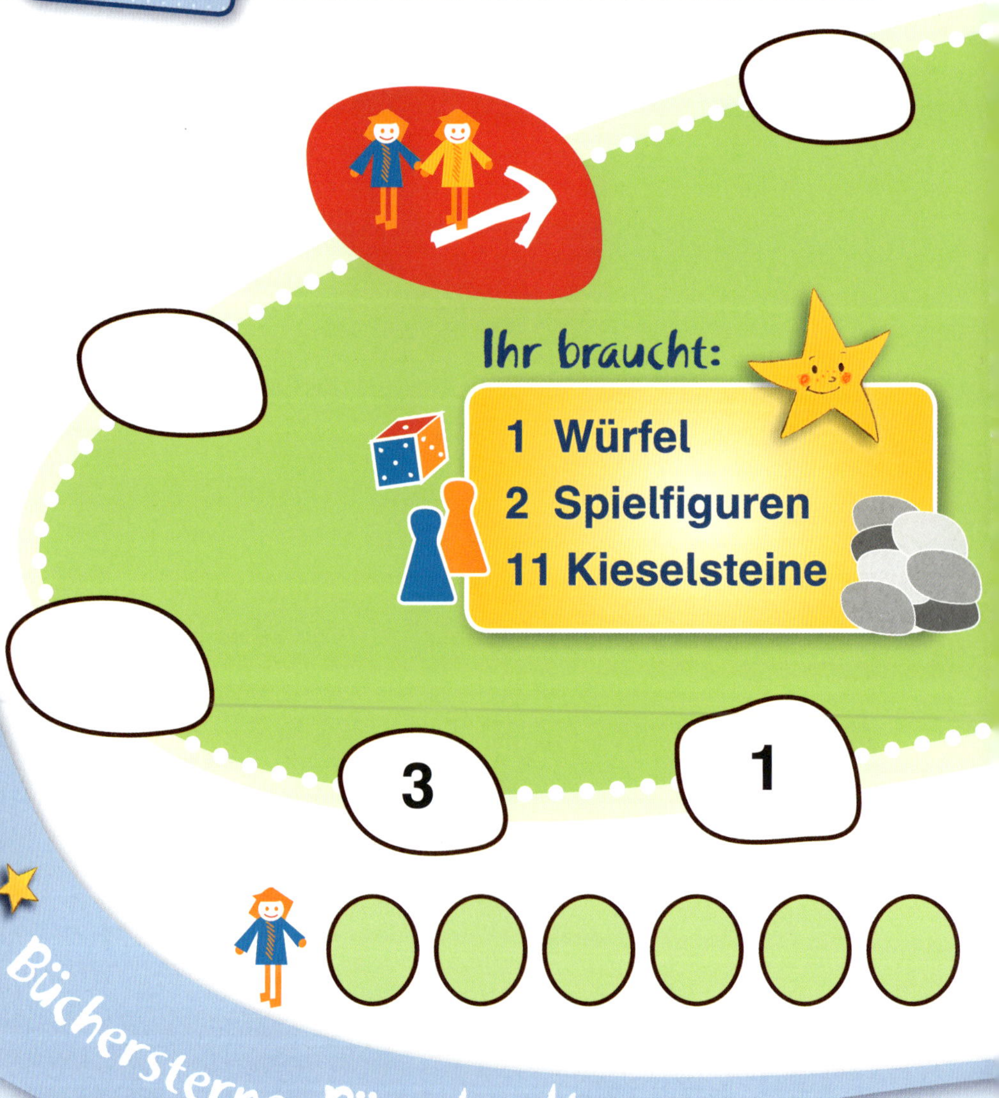

Ihr braucht:

1 Würfel
2 Spielfiguren
11 Kieselsteine

3

1

Büchersterne

1

2

**Würfelt abwechselnd.
Landest du auf einer ZAHL,
dann brüll, so laut du kannst.
Die Zahl sagt dir, wie viele Kiesel
du unten ablegen darfst.**

53

Wort-kreuze

Findest du das Lösungswort?

L
H **E** I S E R
   I
   S
   E

S
W **O** L K E
   F
   A

Büchersterne-Rätselwelt

M
O
N
S
B L Ä **T** T E R
E
R

T
B E ☐ G
Ö
N O **N** E
E

LÖSUNGSWORT:

T O N N E

55

Rätsel-Lösungen

Alle Rätsel gelöst? Hier findest du die richtigen Antworten.

Seite 54–55 · Wortkreuze
TORTE

Seite 51 · Wortschleifen
Schleife 2

Seite 50 · Wissensquiz
Laut

Seite 48–49 · Lese-Rallye
Seite 7
2 → S. 9
5 Monster → S. 14
6 Wörter → S. 20
6 Wörter → S. 26
11 Buchstaben → S. 37

Seite 47 · Woll-Wirrwarr
Weg A

Büchersterne-Rätselwelt

Seite 42–43 · Bildsalat

Paul hat sich im Keller verkrochen. = Bild 3

„Wir haben dich in einer Geister-Bahn gefunden." = Bild 4

Als sein Papa schreit, fallen die Blätter und Vögel von den Bäumen. = Bild 2

Paul möchte nicht zur Schule gehen. = Bild 1

Seite 44 · Farbenrätsel

Igor ist orange.
Monster-Papa ist grün.
Olga ist gelb.
Monster-Mama ist rosa.

Seite 45 · Spürnase

Seite 12, 14, 25 und 32

Seite 46 · Namensprofi

Olga kreischt, dass die Rohre platzen.
Mama brüllt, dass die Wolken vom Himmel fallen.
Igor schläft mit Paul unterm Sofa.
Paul ist heiser.

1. Klasse

Super witzig!
Alles von COOLMAN

Rüdiger Bertram
COOLMAN und ich.
Chaos beim Schulausflug
ISBN 978-3-7891-2434-1

Rüdiger Bertram
COOLMAN und ich.
Ab in die Schule!
ISBN 978-3-7891-2388-7

Rüdiger Bertram
COOLMAN und ich.
Ran an den Ball!
ISBN 978-3-7891-2450-1

Rüdiger Bertram
COOLMAN und ich.
Haltet den Dieb!
ISBN 978-3-7891-0441-1

Oetinger

Alle Informationen unter:
www.buechersterne.de und www.oetinger.de

Lesespaß für Leseanfänger

Muffelfurz-gut!
Hier kommen die Olchis!

Das didaktische Konzept zu **Büchersterne** wurde mit Prof. Dr. Manfred Wespel, Pädagogische Hochschule Schwäbisch Gmünd, entwickelt.

MIX
Papier aus verantwor-
tungsvollen Quellen
FSC® C002795

© 2018 Verlag Friedrich Oetinger GmbH,
Poppenbütteler Chaussee 53, 22397 Hamburg
Alle Rechte vorbehalten
Titelbild und farbige Illustrationen von Heribert Schulmeyer
Einband- und Reihengestaltung von Manuela Kahnt,
unter Verwendung der Sternvignetten von Heike Vogel
Druck und Bindung: SIA Livonia Print,
Ventspils iela 50, LV-1002, Riga, Latvia
Printed 2018
ISBN 978-3-7891-0843-3

www.oetinger.de
www.buechersterne.de